VILLE DE LILLE.

FÊTE

COMMUNALE

ET

INAUGURATION

du

CHEMIN DE FER DE PARIS EN BELGIQUE.

1846

Lille. Imp. de L. Danel.

VILLE DE LILLE.

FÊTE

COMMUNALE

ET

INAUGURATION

du Chemin de fer de Paris en Belgique.

NOUS MAIRE DE LA VILLE DE LILLE,

Après nous être concerté avec M. le Lieutenant-Général commandant la 16.ᵉ division militaire, et M. le Pair de France, Préfet du département du Nord,

AVONS ARRÊTÉ ET ARRÊTONS CE QUI SUIT :

La Fête communale sera célébrée cette année les 14 et 15 juin courant.

Dès le 13 à six heures du soir, les édifices publics seront pavoisés des couleurs nationales.

ARRIVÉE
DU CONVOI D'INAUGURATION

DU

CHEMIN DE FER DE PARIS EN BELGIQUE.

Le dimanche 14, à trois heures de l'après-midi, les autorités militaires et civiles se rendront, accompagnées de détachements de la Garde nationale, du corps des Sapeurs-Pompiers et des troupes de la garnison, sur les glacis de la porte de Tournai, pour recevoir LL. AA. RR. le Duc de NEMOURS et le Duc de MONTPENSIER, qui honoreront de leur présence la cérémonie d'inauguration du Chemin de Fer du Nord.

FÊTES
ET RÉJOUISSANCES
PUBLIQUES.

La Galerie des Tableaux et le Musée d'histoire naturelle seront ouverts au public les 14 et 15, de dix heures du matin à six heures du soir.

EXPOSITION DES PLANTES.

Une exposition de Plantes et d'Arbustes en fleurs, de fruits et de légumes, aura lieu dans les galeries de la Bourse, par les soins de la Société d'Horticulture.

Le public y sera admis les 14, 15 et 16 ; SAVOIR :

Le 14, de onze heures du matin a six heures du soir ;

Les deux jours suivants, de neuf heures du matin à midi, et de deux heures de l'après-midi à six heures du soir.

MM. les Horticulteurs nationaux et étrangers sont invités à concourir, avec les Membres de la Société, à former cette exposition. Ils participeront aux Médailles d'or et d'argent qui seront décernées en cette circonstance, conformément au programme publié par le Conseil d'administration de la Société d'Horticulture.

Journée du 14.

DISTRIBUTION

EXTRAORDINAIRE AUX INDIGENTS.

Dans la matinée, une distribution extraordinaire sera faite aux familles indigentes des différents quartiers de la ville, par les soins de MM. les Membres des bureaux de charité.

Il est affecté à cette œuvre une somme de HUIT MILLE FRANCS, dont CINQ MILLE ont été mis à la disposition du Conseil municipal par MM. les *Administrateurs de la Compagnie du Chemin du Nord*, et TROIS MILLE alloués *sur les fonds communaux*.

A onze heures du matin, les Commissaires délégués par l'Administration municipale, accompagnés de la musique et des tambours de la Garde nationale, se rendront sur le Champ-de-Mars, pour ouvrir les Jeux ci-après auxquels des prix seront assignés comme suit, savoir :

TIR A L'ARC A LA PERCHE.

1.er PRIX. — 6 Couverts d'argent.

2.e   Id.   4   Id.

3.e   Id.   3   Id.

Chacun des douze autres Prix consistera en un Couvert d'argent.

TIR AU FUSIL-ARBALÈTE

A LA PERCHE.

1.er PRIX. — 4 Couverts d'argent.

2.e   Id.   2   Id.

3.e   Id.   12 Cuillers à café.

JEU DE BOULE.

1.er PRIX. — 3 Couverts d'argent.

2.e   Id.   2   Id.

3.e   Id.   1   Id.

Les Sociétés qui voudront concourir devront se faire inscrire au Secrétariat de la Mairie, avant le 13 juin, à dix heures du matin.

Il sera décerné une Médaille à la Société qui aura la meilleure Tenue, et une autre à celle qui sera venue de l'endroit le plus éloigné.

Le dimanche 14, à dix heures du matin, les Compagnies d'Archers, d'Arbalétriers et de Joueurs de Boule se réuniront dans les rues du Palais et de l'Hôpital-Militaire, pour y être inspectées par MM. les Commissaires chargés de décerner les Médailles.

Les Compagnies qui ne seraient point représentées à cette Revue par leur drapeau accompagné d'un tambour et de dix hommes au moins, ne seront point admises au Tir, à l'exception cependant des Compagnies dont l'effectif inscrit n'atteindrait pas le nombre de dix hommes.

Les concurrents inscrits pour prendre part à la Joute sur l'eau et à la Chasse aux Canards, figureront aussi au Cortège avec leurs attributs,

HARMONIE MILITAIRE.

Le même jour, à neuf heures du soir, plusieurs Musiques militaires réunies sur une Estrade, au centre de l'Esplanade, exécuteront, sous la direction de M. BERLIOZ, la *Grande Symphonie triomphale* composée par lui pour l'Inauguration de la *Colonne de Juillet à Paris*. L'exécution sera précédée et suivie de Salves d'artillerie tirées des remparts de la Citadelle.

ILLUMINATION.

A la même heure, les Allées de l'Esplanade seront illuminées ainsi que l'Estrade sur laquelle les musiques de la garnison continueront à exécuter des Morceaux d'Harmonie jusqu'à onze heures.

Les Édifices publics seront illuminés pendant la soirée.

Les Habitants sont invités à illuminer aussi les façades de leurs maisons.

BAL A L'HOTEL-DE-VILLE.

Un Bal sera donné à l'Hôtel-de-Ville.

Les Salons seront ouverts à huit heures et demie du soir.

A l'ouverture du Bal, une *Cantate* (paroles de **M. J. JANIN**, musique de **M. BERLIOZ**), sera exécutée, sous la direction de ce Compositeur, par **M. MASSOL**, de l'Académie royale de Musique, avec accompagnement d'Orchestre et de Chœurs.

Journée du 15.

CONTINUATION DES DIFFÉRENTS JEUX COMMENCÉS LA VEILLE.

Si tous les prix n'ont pas été remportés le premier jour, les Tirs recommenceront à neuf heures du matin.

JOUTE SUR L'EAU

ET CHASSE AUX CANARDS.

A trois heures de l'après-midi, aura lieu une Joute sur l'eau dans le Bassin de la Basse-Deûle.

Cette Joute sera suivie d'une Chasse aux Canards.

DISTRIBUTION DES PRIX.

La Distribution des Prix aux Vainqueurs des Jeux aura lieu le 15, à sept heures du soir, sur l'Esplanade, près du Manége civil.

HARMONIE MILITAIRE.

Immédiatement après la Distribution des Prix, les Musiques militaires placées sur l'Estrade, comme la veille, exécuteront des Morceaux d'Harmonie pendant le reste de la soirée.

DISPOSITIONS GÉNÉRALES.

Les Commissaires nommés pour les différents Jeux prononceront sur les contestations, et assureront l'exécution des Réglements spéciaux ; ils porteront au bras une écharpe tricolore.

Les Membres et Servants des Compagnies d'Archers, Arbalétriers et Joueurs de Boule, ne pourront revêtir les insignes des Grades de l'Armée ou de la Garde nationale, tels qu'épaulettes, hausse-cols, etc.

Fait à l'Hôtel de la Mairie, à Lille, le 3 juin 1846.

BIGO.

Approuvé :
Le Lieutenant-Général,

NÉGRIER.

Vu et approuvé,
Pour le Préfet en tournée :
Le Conseiller de préfecture délégué,

DERBIGNY.

www.ingramcontent.com/pod-product-compliance
Lightning Source LLC
Chambersburg PA
CBHW060738280326
41933CB00013B/2682